AF370883

FERDINAND BOSSUYT

BLAGUINETTE

Vaudeville en un Acte

3 H. 3 F.

PARIS

C. JOUBERT, Éditeur, 25, rue d'Hauteville

Anciennes Maisons BRANDUS et JOUBERT réunis

C. JOUBERT, Successeur

ÉDITEUR DE MUSIQUE

PARIS — 25 - Rue d'Hauteville - 25 — PARIS

RÉPERTOIRE DES OUVRAGES DE CONCERT EN UN ACT[E]

Faisant partie du répertoire de la SOCIÉTÉ LYRIQUE

ABRÉVIATIONS : *LOC.* Veut dire : La musique n'est qu'en location et ne se vent pas. — *SM.* Signifie : Pièce sans musique.

Les prix indiqués dans les colonnes des « Prix nets » signifient qu'il existe une partition piano et chant.

AUTEURS	TITRES DES ŒUVRES	Hommes	Femmes	PRIX NETS
D. Campisiano	Absalon	2	1	6 »
E. Fournier	Accordeur (L')	2	3	s. m.
Guillemaud	Adrien n'aime pas le piano...	3	1	s. m.
Vallés-Garnier	Affaire Courdeveau (L')	5	1	s. m.
Daniel Jourda	Affaire de Bourse	4	2	s. m.
St-Paul G. Rose Fils	Agence et au-dessus (L')	3	3	s. m.
F. Bernicat	Agence Rabourdin (L')	1	1	5 »
L. Bouvet-F. Muffat	Ah ! la chouett'revue	4	4	loc.
Japy	A huitaine	troupe	»	5 »
Alex.-Roger Darval	Aïe ! J'ai pelote ma belle mère	5	4	s. m.
St-Paul-Rose Fils	Air de la mer (L')	4	4	s. m.
Bessière	A la Caserne	6	2	s. m.
St-Paul et M. Lupin	Alfred a des cors aux pieds	3	2	s. m.
L. Bouvet	Ami Chambardel (L')	3	1	s. m.
De Marsan	Ami Roscanvel (L')	4	3	s. m.
Lebreton	Amour à coups de poings (L')	2	2	s. m.
Lebreton St-Paul	Amour en Dentelles (L')	2	2	s. m.
G. Street	Amour en Livrée (L')	3	1	5 »
Desormes	Amour et l'Appétit (L')	1	1	4 »
Vallés-Garnier	Amour et Sauvetage	3	2	s. m.
De Farey	Amour Modiste (L')	2	3	s. m.
V. Roger	Amour Quinze-Vingt (L')	3	1	1 »
Bullin-Boulay-Layrice	Amours d'un Piston (Les)	3	2	s. m.
L. Bouvet	Anarchiste (L')	3	1	s. m.
M. Gribinski	Annonce (L')	3	3	s. m.
Alex. Roger Darval	A nous le Divorce	6	5	s. m.
St-Paul-P. Avril	Apache est de rigueur (L')	1	2	s. m.
L. Bouvet	A propos de Boîtes	2	»	s. m.
J. Emmecé	A qui le Gosse?	troupe	»	s. m.
Monnery-Marien	Argot tel qu'on le parle (L')	5	3	s. m.
M. Chautagne	Arracheuse de Dents (L')	2	1	4 »
Bouvet-Arribat	Arrestation arbitraire	4	2	s. m.
Marc Sonal	Arrêts de rigueur	4	1	s. m.
Géraldy	Ascension du Mont-Blanc (L')	1	1	4 »
L. Martin-Duhem	Auberge à Tambour battant (L')	2	2	loc.
Banés	Au Coq huppé	3	2	5 »
Carpentier et A. Mendrol	Audition de St-Glinglin (L')	3	»	s. m.
Guérineau	Auteur par amour	1	2	3 »
L. Bouvet et J. Arribal	Auvergnat par amour	3 ou 4	2	s. m.
Henry Moreau	Avant le bal	1	1	3 »
L. Moreau et G. Dubreuil	Avarié du Mardi-Gras (L')	3	2	s. m.
Gombert et Charpentier	Baduquet n'est pas ridicule	2	2	s. m.
Deransart	Baigneur et Nageuse	1	1	s. m.
Antignon, Denrit, Baudet	Baigneuses de Cocotteville (Les)	5	0	loc.
A. Monézy-Éon	Bain de pieds (Le)	1	2	s. m.
Rose fils et Ryvez	Banquier malgré lui	3	3	s. m.
Leserre	Barbe-Bleue	1	»	2 »
L. Moche	Baronne	2	1	s. m.
Georges Rose fils	Belle maman m'adore	2	3	s. m.
De Marsan	Belle-mère apprivoisée (La)	1	3	loc.
Lebreton-St-Paul	Belle-mère est sans pitié (La)	2	2	s. m.
Wachs	Bibi ou l'Enfant de l'Amour	1	4	»
Bouvet-Muffat	Bigame de la Bastille	3	3	s. m.
C. Roland	Bimariés	1	1	s. m.
Breton et F. Soudant	Bonne à découché (La)	1	1	s. m.
L. Bouvet F. Muffat	Bonne nuit Tardiveau !	3 ou 2	ou 1	s. m.
F. Bessière	Bonsoir ! ! !	1	1	s. m.
Cellier-Jouflot	Boudoir discret	2	1	s. m.
Moreau-Gramet	Bougnol et Bougnol	1	2	loc.
Villebichot	Boum ! Servez chaud	3	2	s. m.
H. Moreau-Arnould	Braves gens (Les)	7	ou 7	loc.
Hubans	Brelan de bègues	2	1	5 »
H. Moreau & Maurice	Bretelles (Les)	2	1	s. m.
F. Bernicat	Cadets de Gascogne (Les)	troupe	7	»
Banés	Cadiquette (La)	1	1	5 »
Saint-Paul	Cage de l'oncle Tom (La)	3	2	s. m.
Lebreton	Caïn	3	2	s. m.
Javelot	Calino amoureux	2	1	»
Lebreton & Soudant	Camelots (Les)	3	3	loc.
E. Bouchaud	Cantine Grovot (La)	3	3	s. m.
Lebreton-Moreau	Ça porte bonheur	3	3	s. m.

AUTEURS	TITRES DES ŒUVRES	Hommes	Femmes	PRIX NETS
V. Herpin	Capricorne (Le)	troupe	»	1
F. Barbier	Carmagnole (La)	3	3	5
A. Berthon	Carnaval des 4 z'arts (Le)	6	2	1.
Levavasseur	Carte de visite (La)	3	3	s.
Autigeon-Despiau	Cascadin & Cie	6	5	s.
Mélénier-D. Fabrice	Casque d'or	1	3	s.
Léon Jancey	Cavalier Bouriot	2	3	s.
F Lémon-J. Moy	Ce cochon d'Émile	3	2	s.
D. Jourda	Celles qui savent	1	2	s.
Chabaud-Colonge Tranchant	Ce pauvre Bobinet	2	1	s.
De Marsan	Ce Sacré Narcisse	4	3	s.
D. Fabrice	Ce Zidore	3	»	s.
A. Mesnil-P. Paynone	C'est la vie	3	2	s.
G. Rose fils F. Bouveret	C'est un secret de Polichinelle	2	2	s.
Rose fils. G. de Nola	Cette crapule de Duveau	2 ou 3	2	s.
Chelu	Chambre à Louer	1	1	2
L. Bouvet	Chanson de Florentin (La)	3	1	6
V. Roger	Chanson des Écus (La)	3	1	4
E. André	Chaos (Le)	1	1	4
H. Gilbert	Chaste Suzanne	2	2	s.
Yvel	Chéri des Dames (Le)	4	2	10
Bourel-Roydel-René	Chevalier Tric-Trac (Le)	2	8	10
Meynard	Chez le Dentiste	3	1	3
Lhuillier	Chez les Corniquet	1	»	1
B. Lebreton	Chez « Ma Tante »	7	5	3
C. Rosenquest	Chicard et Bébé	1	1	4
L. Bouvet	Cinq à sept de chez Petrone (Le)	6	4	10
Moreau Gramet	Cinq contre un	3	5	10
E. Brasseur-L. T.	Circulaire du Préfet (La)	6	2	s.
Villebichot	Cirque Ponger's (Le)	troupe	»	6
N. Lebreton-E. Blairal	Clef des Songes (La)	4	3	10
L. Bouvet	Clémence d'Auguste (La)	2	1	s.
Bessière	Clou (Le)	2	1	10
L. Colin	Coco Bel-Œil	3	2	6 »
A. Petit	Cocotte et Chiffonnier	1	1	4 »
L. Bouvet	Codicile (Le)	4	4	10
C. Mongel-de-Marsan Delormel-Villemer	Colo saute le mur (Le)	5	3	s.
Péricaud	Colosse de Rhodes (Le)	3	»	4
L. Bouvet G. Arribat	Commandant Lavertu (Le)	5	4	s. m.
St-Paul-G. Rose fils	Commissaire est embêté (Le)	3	2	s.
A. Petit	Confections pour Dames	2	4	5 »
L. Bouvet-Schmoll	Congrès des Cocottes (Le)	5	7	s.
G. Touze, H. Barbé	Conquêtes difficiles	3	1	s. m.
L. Collin	Conscrit Tyrolien (Le)	1	1	3 »
H Beckern et P. Marc	Contes de Pi'on (Les)	2	10	10
Lebreton-Moreau	Coucher des Wagons-Bars (Le)	4	3	s. m.
R. Maygrier, R. Le meuland	Coquins de Souliers	1	2	s. m.
Ryvez	Cordon s'il vous plait	3	3	s. m.
L. Bouvet-F. Muffat	Cornuflot a la gale	3	1	s. m.
Lebreton-Moreau	Cote et Cocottes	1	4	s. m.
H. de Farey		3	1	s. m.
C. Roland	Courroie (La)	2	1	s. m.
F Bouvet-G. Arribat	Course au sac (La)	4	1	s. m.
Claude Roland	Courtisane à bon cœur (La)	1	3	s. m.
Habrekorn	Couturière est au-dessus (La)	2	1	s. m.
G. Cellier, E. Jouflot	Couverture (La)	4	»	loc
F. Bouveret	Créanciers du coffre-forts (Les)	5	3	loc
Marsan (De)	Crépuscule des vieux (Le)	3	2	s. m.
E. Fournier	Crime avorté	2	2	s. m.
L. Martin, E. Duhem	Crime de Passy (Le)	2	»	loc
De Rose & d'Arsay	Culotte du marié (La)	1	»	1 »
St-Paul-Rose fils	Dame aux bluets (La)	2	2	s.
Pierre Achard	Dans l'escalier	2	1	s. m.
B. Lebreton	Débuts d'une Étoile (Les)	5	5	s.
Cellier-Gramet	Demoiselles Plumenhoy (Les)	3	4	s.
A. Condamin	Dépêches de Lucien (Les)	1	2	s. m.
Saint-Paul	Dernière (Le)	3	2	s. m.
St-Paul. G. Rose fils	Dernière Carotte (La)	3	2	s. m.

FERDINAND BOSSUYT

BLAGUINETTE

Vaudeville en un Acte

3 H. 3 F.

PARIS

C. JOUBERT, Editeur, 25, rue d'Hauteville

Répertoire de la Société Lyrique.

DU MÊME AUTEUR

Nuit de Noël (Etude de mœurs) . . . . . 2 H. 2 F.

Trio d'Apaches (avec Bouveret), Vaudeville. 3 H. 2 F.

Blaguinette (Vaudeville) . . . . . . 2 H. 2 F. ou 3 H. 3 F.

Le Voyage pendant la noce (avec Bouveret), Comédie-Vaudeville. 3 H. 2 F.

Marie-toi Duval (avec Bouveret), Vaudeville (avec chants). 3 H. 2 F.

Tête de Turc (Vaudeville) . . . . 2 H. 2 F.

FERDINAND BOSSUYT

AUX AMIS : Daguerre, Saint-Omer, Courville, Desforges, Deguerre, Henrius, Dervils, Manuel, Vatés.

Blaguinette

Vaudeville en un Acte

PERSONNAGES :

	XXᵉ SIÈCLE	GRANDE ROUE	BIJOU-CONCERT
	MM.	MM.	MM.
GROSBEDON, *rentier*, 50 ans.	G. ROGER.	VATÉS.	G. FAURE.
PHILIBERT, *tringlot*, 23 ans.	DAGUERRE.	JACQUINOT.	DEGUERRE.
* M. DES PATATES, *ex-commerçant*, 40 ans.	ARISTIDE.	»	»
	Mᵐᵉˢ	Mᵐᵉˢ	Mᵐᵉˢ
CHORYSANTE, *femme de Grosbedon*, 45 ans.	DERMONT.	Sarah BLOCH.	BAULIEU.
BLAGUINETTE, *servante*, 20 ans.	DAUBRAY.	M CHEVALIER.	A. REYOR
Mᵐᵉ DES PATATES, 30 ans.	CORALY.	»	»

LA SCÈNE SE PASSE DE NOS JOURS A PARIS

Un salon, portes au fond, à droite et à gauche. — A gauche salle à manger. — A droite cuisine.

Cheminée. — Glace. — Au deuxième plan une table. — Chaises, fauteuil, etc.

(Les indications sont données en prenant la droite des spectateurs.)

* **AVIS**. — *Cette pièce peut se jouer à quatre personnes, en supprimant les rôles de :* Monsieur et Madame DES PATATES.

VOIR LA VARIANTE DE LA FIN

SCÈNE I

(1) GROSBEDON, (2) CHORYSANTE

GROSBEDON. (*assis nᵒ 1*).

Voyons ma mie !...

CHORYSANTE

Zut !...

GROSBEDON

Zut !... Ah !... Dès l'instant que tu le prends sur ce ton, c'est bien, fais ce qu'il te plaira, mais je trouve qu'il eût mieux valu prendre comme bonne notre nièce Colette plutôt que cette paysanne qui ne me dit rien de bon.

CHORYSANTE

Colette !... Jamais de la vie d'ailleurs ni toi ni moi la connaissons. je n'en veux pas pour rien. mieux vaut avoir affaire à des étrangers qu'à des parents. Celle que j'ai mise à la porte était trop dégourdie et tu t'occupais trop d'elle.

GROSBEDON

Moi... Oh ! je te jure Chorysante.

CHORYSANTE *(se levant)*.

Taisez-vous... Celle ci c'est une gourde, c'est ce qu'il me faut, je la dresserai à ma façon. *(Elle passe extrême 2)*.

(1) GROSBEDON

Oh ! alors.

(2) CHORYSANTE *(avançant vers lui)*.

Comment oh ! alors ? sachez une fois pour toutes M. Grosbedon que je m'y connais et que je n'ai que faire de vos réflexions. Du reste si je n'étais pas là pour m'occuper de tout ce serait du joli.

GROSBEDON

Tu crois ?

CHORYSANTE

Certainement. Dans tous les cas ce n'est pas vous qui pourriez le faire, vous n'êtes bon à rien. *(Elle descend)*.

GROSBEDON

A rien!... Ce n'est pas beaucoup. mais si tu cherchais bien tu trouverais peut-être encore mieux.

CHORYSANTE

Oui. oui. raillez Monsieur. Bon à rien je le répète. Vous n'avez même plus d'attention pour moi votre femme. *(S'asseyant n° 2 elle lui tourne le dos)*.

GROSBEDON

Oh ! voyons tu exagères.

CHORYSANTE

Ah ! vous êtes bien changé. Vous n'êtes plus l'homme que j'ai connu pendant les premières années de notre mariage.

GROSBEDON

Ça n'a rien d'étonnant tu sais. il y a si longtemps.

CHORYSANTE *(se retournant)*.

Et pourtant enfin. qu'avez vous à me reprocher ? Je suis gentille. douce. économe.

GROSBEDON *(chantonnant)*.

Penses-tu. penses-tu, penses-tu qu'çà réussisse.

CHORYSANTE *(qui n'a pas entendu)*.

Et malgré toutes mes qualités l'existence avec vous est un enfer, ce n'est plus tenable.

GROSBEDON

Eh bien retourne chez ta mère.

CHORYSANTE *(pleurnichant)*.

Vous savez bien qu'elle n'existe plus, qu'elle est morte.

GROSBEDON *(se levant)*.

Raison de plus.

CHORYSANTE *(se levant)*.

Oh ! le mufle. Ah ! c'est bien là les hommes.

GROSBEDON *(allant à la cheminée)*.

En voilà assez hein ! Fiche-moi la paix tu m'embête à la fin *(prenant un journal)* laisse-moi lire mon journal. *(Il reprend sa place au n° 1 et lit)*.

CHORYSANTE *(remontant au fond, cheminée)*

Naturellement... à votre femme vous préférez la lecture. Eh bien tant pis, c'est vous qui l'aurez voulu. Le bonheur que vous me refusez j'irai le chercher ailleurs.

GROSBEDON *(se retournant)*.

Que voulez vous dire Madame Grosbedon ?

CHORYSANTE *(au fond)*.

Je veux dire que si vous m'y forcez je vous tromperai. Monsieur ; je suis encore assez bien de ma personne pour inspirer une passion.

GROSBEDON *(riant)*.

Ah ! ah ! ah ! ah ! Inspirer une passion ! mais ma pauvre fille tu ne te vois pas alors.

CHORYSANTE *(descendant)*.

Scélérat ! vous ne disiez pas ça quand vous m'avez épousée.

GROSBEDON

Ça c'est vrai. mais il y a trente ans de cela. J'espère bien que tu ne crois pas être restée la même.

CHORYSANTE *(allant extrême 2)*.

Non, mais si l'on me fait la cour c'est que j'en vaux encore la peine.

GROSBEDON

On te fait la cour à toi ? Tu m'épates !

CHORYSANTE

Oui Monsieur et pas plus tard que tout à l'heure dans l'omnibus.

GROSBEDON (se levant).

Et qui donc s'il vous plaît?

(2) CHORYSANTE

Un militaire.

(1) GROSBEDON

Un invalide alors?

CHORYSANTE

Non, Monsieur, un troubiat de l'armée active.

GROSBEDON (gagnant extrême 1).

Ah bah! il devait être fou ou saoul; dans tous les cas il avait du temps à perdre.

CHORYSANTE (venant s'asseoir 2).

C'est possible. En attendant vous êtes prévenu n'est-ce pas?

GROSBEDON

Allons c'est bon va, c'est entendu tu es nerveuse aujourd'hui et tu dis des bêtises. (Allant à elle) Voyons ma poupoule ce n'est pas sérieux dis? une petite femme si mignonne, tu voudrais faire de la peine à ton petit mari chéri.

CHORYSANTE (pleurnichant).

C'est vous qui m'y forcez, vous me tenez toujours tête.

GROSBEDON (derrière elle).

Eh bien je ne le ferai plus, là.... tu me pardonnes.

CHORYSANTE

Tu ne me tiendras plus tête et tu rede viendras le Grosbedon que j'ai connu?

GROSBEDON (lui prenant les mains).

Oui mon petit suisse au sucre.

CHORYSANTE

Alors tu es pardonné (baisers) Tiens.

GROSBEDON (s'asseyant 1).

C'est bien et maintenant que l'orage est passé présente-moi ta nouvelle bonne afin que je voie si tu as été heureuse dans ton choix.

CHORYSANTE

Attends tu vas voir (Elle va vers la porte du fond et appelle). Blaguinette.

GROSBEDON (nº 1)

Comment dis-tu? Blaguinette...

CHORYSANTE (un? au nord).

Oui elle m'a dit s'appeler comme ça.

GROSBEDON

En voilà un nom original. Elle t'a montré ses certificats?

CHORYSANTE

Non, elle n'a jamais servi, elle arrive tout droit de son village (Elle appelle) Blagui nette.

SCÈNE II

(1) GROSBEDON, CHORYSANTE (3),
BLAGUINETTE (2)

BLAGUINETTE (...).

Voilà Madame entrant quoi qui n'y a qu'vous m'appelez?

(3) CHORYSANTE

Blaguinette je vais présenter Monsieur.

BLAGUINETTE (...).

Monsieur (...) Il n'est point trop mal fichu vous savez Madame et puis sa figure me plaît. Il ressemble un brin au chien du bedeau d'chez nous

(1) GROSBEDON (...).

Hein!

CHORYSANTE

Ne te fâches pas elle a dit cela sans y penser, elle est un peu bebête et puis au village tu sais....

GROSBEDON

Je sais... je sais qu'elle n'est pas polie la nouvelle bonne voilà tout.

CHORYSANTE (...).

interroge la tu vas voir elle n'est pas plus maligne, ce n'est pas de sa faute, je la dégourdirai va, ne crains rien...

GROSBEDON.

Approchez mon enfant.

BLAGUINETTE

Oui m'sieur.

(1) GROSBEDON

Comment vous nommez vous?

(2) BLAGUINETTE

Blaguinette.

(3) CHORYSANTE

Blaguinette, comment?

BLAGUINETTE

Non, Madame, Blaguinette tout court.

CHORYSANTE

Eh bien ici vous vous appellerez Marie.

GROSBEDON

Et vos parents ?

BLAGUINETTE

Y sont cheu nous m'sieur.

GROSBEDON

Où ça chez vous ?

BLAGUINETTE

Eh ben au village à Bécotemoy-Léchasses.

CHORYSANTE

Dans quel département ?

BLAGUINETTE

Que mes parents habitent ? C'est point un appartement c'est une ferme ousqu'il y a des bêtes, des oies, des cochons, et, sauf vot' respect y sont ben plus gros qu'vous, savez Monsieur.

GROSBEDON (fâché).

Dites donc vous, vous avez des comparaisons qui ne me plaisent guère.

CHORYSANTE

Allons ne te fâche pas, elle ne comprend pas ce qu'elle dit, c'est sans méchanceté.

GROSBEDON (à sa femme).

C'est possible, mais ça ne me plaît pas (à Blaguinette). Apprenez ma fille que je suis un homme, votre maître, et non un cochon.

BLAGUINETTE

Ah ! Moi j'en savons rien, vous savez M'sieur. Si j'ons dit ça c'est parce que j'avons entendu dire souvent chez nous que tous les hommes étions des cochons.

GROSBEDON

Tous, excepté moi, vous avez compris ?

BLAGUINETTE

Bien M'sieur.

GROSBEDON

Vous êtes ici ou service de Madame, elle vous apprendra ce que vous avez à faire. Arrangez vous avec elle. (Il reprend son journal).

CHORYSANTE (à Blaguinette).

Voyons ma fille quelles sont vos connaissances culinaires ?

BLAGUINETTE (effarouchée).

Culinaires !!! Oh ! Madame...

CHORYSANTE (se levant).

Eh bien quoi, qu'est-ce qui vous prend ?

BLAGUINETTE

Rien Madame, mais... c'que vous avez dit là ça m'fait rougir...

GROSBEDON (à part).

Quelle gourde.

CHORYSANTE (riant).

Mais ma fille je vous demande si vous savez faire la cuisine.

BLAGUINETTE

Ah !... je n'savions pas qu'çà voulions dire ça. Oh ! oui Madame j'savons faire la cuisine ; cheu nous c'est moi qui faisions la soupe aux choux tous les jours.

(3) CHORYSANTE

Bon, mais ici il n'y aura pas que de la soupe aux choux à faire ; du reste nous ne l'aimons pas beaucoup. Nos plats préférés sont : ragoût, pot-au-feu, rôti, biftaeck, lapin, poulet, escalope de veau etc, etc.

(2) BLAGUINETTE

D'la calotte de veau, quoi t'es ce que c'est qu'çà Madame.

(1) GROSBEDON (riant).

Quelle cruche.

CHORYSANTE

Allons, ma fillle, je vois que vous n'êtes pas dégourdie je vous expliquerai tout cela et vous montrerai comment ça se fait. Tous les matins à votre réveil vous nous apporterez le chocolat au lit, ensuite vous ferez le ménage.

BLAGUINETTE

Bien Madame, j'ons compris.

CHORYSANTE (bas à Blaguinette).

Savez vous faire les cartes (Blaguinette la regarde bêtement). Eh bien oui quoi, lire la bonne aventure dans les cartes.

BLAGUINETTE

Non, Madame, mais cheu nous j'les avons déjà fait faire pour moi, à la fête par une sorbannule.

CHORYSANTE

Somnanbule ma fille et non sorbannule voyons. Et vous y croyez ?

BLAGUINETTE

Oh ! oui Madame, c'est ben vrai vous savez. et celle là m'a dit la vérité.

CHORYSANTE

Ah ! que vous a-t-elle dit ?

BLAGUINETTE

D'abord elle m'a dit que j'étions une femme.

CHORYSANTE *(souriant)*.

Ah ! bah !... Et après ?

BLAGUINETTE

Après, elle m'a dit que j'serions bonne à tout faire chez des braves gens.

CHORYSANTE

En effet elle ne s'est pas trompée... Après ?

BLAGUINETTE

J'lui avons demandé si que j'gagnerions le gros lot, alors elle m'a répondu que non... Eh ben, ça c'est encore vrai parce que j'ons jamais rien gagné.

CHORYSANTE

Et vous avez pris des billets ?

BLAGUINETTE

Quels billets ?

CHORYSANTE

Mais des billets de loterie. pardine.

BLAGUINETTE

Non, Madame. jamais.

CHORYSANTE *(à part, riant)*.

Ah ! décidément j'aurai du mal à la dégrossir *(haut)*. Un dernier mot, vous savez chez nous on mange les restes.

BLAGUINETTE

Bien Madame, je vous les servirai.

CHORYSANTE

Comment vous me les servirez ! Mais c'est pour vous. c'est vous qui mangerez nos restes... je vous nourris. je vous couche et je vous donne dix francs par mois. Cela vous plaît il ?

BLAGUINETTE

Oui, Madame.

CHORYSANTE

C'est bien. Maintenant allez dans votre cuisine et mettez tout en ordre en m'attendant. *(extrême 3)*.

BLAGUINETTE

Bien, Madame. *(Fausse sortie vers la gauche)*.

(1) GROSBEDON *(à Blaguinette)*.

Attendez Marie. *(à sa femme)*. Si tu lui envoyais chercher ma tisane.

(3) CHORYSANTE *(à Blaguinette)*.

Ah ! oui. Marie vous allez aller chercher chez le pharmacien 25 grammes de sulfate de quinine et deux sous de salsepareille pour Monsieur qui est souffrant. Tenez voici l'argent. *(Elle lui donne)*. Vous vous en souviendrez n'est ce pas ?

(2) BLAGUINETTE

J'croyons ben qu'oui Madame.

GROSBEDON

Eh bien, répétez pour voir.

BLAGUINETTE

Vingt-cinq sous de surface d'équilibre et dix francs de saleté pareille.

CHORYSANTE *(se tordant)*.

Oh ! *(à son mari)*. Écris-lui cela sur du papier va. elle n'en sortira jamais *(à Blaguinette)*. Écoutez ma fille ce n'est pas pour dire mais vous êtes bouchée.

BLAGUINETTE

Bouchée !... Je n'pensons point Madame j'ons pris une purge avant d'venir cheu vous.

CHORYSANTE *(à part)*.

Quelle couche, y a pas c'est de naissance elle doit tenir ça de famille.

GROSBEDON *(qui a écrit)*.

Tenez... Vous remettrez ceci au pharmacien et vous attendrez qu'on vous serve.

BLAGUINETTE

Bien M'sieur. *(On sonne)*.

CHORYSANTE

On sonne. Marie, allez voir qui est là. *(Blaguinette sort par le fond)*.

SCÈNE III

GROSBEDON, CHORYSANTE
puis BLAGUINETTE.

GROSBEDON *(se levant et passant 2)*.

Nous sommes bien montés avec une bonne comme celle-là et tu crois qu'il n'aurait pas mieux valu prendre Colette notre nièce.

CHORYSANTE.

Je t'ai déjà dit que je n'en voulais pas. Si celle-ci ne fait pas toute son affaire... nous en prendrons une autre, voilà tout !

GROSBEDON.

Oui, naturellement, on changera de bonne comme de chemise. Une par semaine... Ce sera du joli.

BLAGUINETTE (entr'ouvrant une porte).

Madame, c'est M. et Mme Des Patates.

CHORYSANTE.

Des Patates! Saprist! (A son mari). J'avais oublié de te dire que je les ai invités à prendre le café chez nous. (A pleine voix). Faites entrer et allez faire votre course.

BLAGUINETTE.

Bien, Madame. (Elle sort)

GROSBEDON.

Ah! ce cher Des Patates. (A part). Je vais pouvoir me distraire un peu et causer politique un moment.

BLAGUINETTE (apparaissant au fond et annonçant).

M. et Mme Des Patates.
(M. et Mme Des Patates entrent. Blaguinette sort par le fond).

SCÈNE IV

CHORYSANTE, Mme DES PATATES.
M. DES PATATES, GROSBEDON.

(1) CHORYSANTE (allant à Mme Des Patates)

Ah! cette chère amie.

(1) GROSBEDON (même jeu).

Ah! ce vieux camarade

(2) Mme DES PATATES

Bonjour, ma chérie.

(3) DES PATATES

Bonjour, mon vieux Grosbedon. (Les hommes se mettent à causer s'asseyant à droite à la table).

CHORYSANTE

C'est charmant d'être venu, et la santé, ça va.

Mme DES PATATES

Mais oui, ma chère, ça va, nous avons profité du beau temps pour nous rendre à votre invitation et vous voyez, nous sommes exacts.

CHORYSANTE

En effet, heure militaire, c'est bien ça.

SCÈNE V

LES MÊMES, puis BLAGUINETTE.

(5) BLAGUINETTE (au fond)

Madame...

CHORYSANTE (poussant ?).

Qu'y a-t-il encore?

BLAGUINETTE

J'ons rencontré à la porte un Monsieur qui veut vous parler. C'est un arracheur de dents.

CHORYSANTE (à Mme des Patates).

C'est mon dentiste. J'ai de la carie à en faire, il vient justement pour me nettoyer la bouche.

BLAGUINETTE

Non, Madame. C'est point pour ça qui vient. Il m'a dit que c'étions pour visiter votre râtelier.

(4) GROSBEDON (à part).

Ah! l'imbécile.

(3) DES PATATES (qui a entendu).

Ne vous gênez pas pour nous. M. Grosbedon, ma femme en a un aussi.

Mme DES PATATES (lançant un coup d'œil à son mari).

Mais oui, ma chère, j'en ai un.

CHORYSANTE

Ah! excusez-moi. Vous savez, on n'aime pas faire savoir ces choses-là, n'est-ce pas? (A Blaguinette). Vous n'êtes qu'une idiote. Allez dire au dentiste que je ne puis le recevoir aujourd'hui, qu'il revienne demain.

BLAGUINETTE

Bien, Madame. (Elle sort par le fond).

SCÈNE VI

LES MÊMES

(3) DES PATATES (à Grosbedon).

Elle n'a pas l'air bien dégourdie, votre bonne.

(1) Mme DES PATATES

C'est une gaffeuse.

CHORYSANTE.

Oui, mais j'espère arriver à la dégrossir. Figurez-vous que... (Elles s'asseyent et continuent leur conversation à voix basse).

(4) GROSBEDON (à des Patates).

Alors, le ministère tient toujours. Qu'en pensez-vous, mon cher Des Patates.

DES PATATES.

Moi ! j'm'en fous. Dans le fond, vous savez, ce ministère-là ou un autre, ça m'est bien égal... c'est toujours la même chose.

GROSBEDON.

Ça c'est vrai, mais enfin, vous plaît-il ?

DES PATATES.

Cou çi cou ça, autant cou çà que cou ci.

GROSBEDON.

Ah ! bah ! mais alors, vous ne faites plus de politique ?

DES PATATES.

Plus du tout. Du reste, cher ami, la politique, plus ça s'explique moins ça se comprend. C'est un chemin tortueux et glissant où celui qui s'y aventure ne rencontre que des déboires et se fait des ennemis à chaque pas.

GROSBEDON.

Eh bien, Des Patates, vous m'épatez. Comment, vous, un fervent toujours sur la brèche pour combattre vos adversaires politiques, vous en êtes arrivés à un semblable désintéressement.

DES PATATES

Oui, et c'est bien simple pourtant. Écoutez... (*Ils continuent à causer à voix basse*).

(1) Mme DES PATATES

Oui, ma chère, onze francs le mètre, mais c'est bon, vous savez, j'aurai là une toilette superbe.

(2) CHORYSANTE

En effet, pour le prix, cela doit être joli. Et vous mettez des petits chichis autour, n'est-ce pas ?

Mme DES PATATES.

Naturellement, voyons, sans petits chichis, mais ma bonne ma chère, ma robe ne dirait rien et puis je vais avoir un manteau. Vous savez, ces petits manteaux que l'on porte cette année... c'est très élégant. Mon mari va me l'offrir pour ma fête ; car vous savez, dans huit jours, c'est ma fête... Oui, la sainte Arthémise.

CHORYSANTE

Ah ! vous avez de la chance, vous, vous avez un mari qui vous paye des toilettes et qui vous souhaite votre fête. Tandis que moi...

Mme DES PATATES (*baissant la voix*).

Comment ! M. Grosbedon n'est pas plus gentil que cela pour vous.

CHORYSANTE (*même jeu*).

Lui... Ah ! vous ne le connaissez pas... C'est un ours.

Mme DES PATATES

Vraiment... Eh bien, franchement, on ne le dirait pas à le voir.

CHORYSANTE

On voit bien que vous ne vivez pas avec lui, c'est un ours, vous dis je, avec ça un caractère épouvantable...

Mme DES PATATES

Tous les hommes sont les mêmes, allez, ma bonne madame, ma chère, le meilleur d'entre eux ne vaut rien du tout. (*Soupirant*). Ah ! pauvres femmes que nous sommes, notre existence sur terre n'est qu'un long martyre.

CHORYSANTE (*même jeu*).

Oh ! oui, alors...

Mme DES PATATES

Tenez, le mien que vous voyez là est rapiat comme pas un. J'ai eu un mal inouï à lui soutirer trois pauvres petits billets de cent francs pour payer ma robe. Il ne voulait pas me les donner, il trouve toujours que je dépense de trop. Pour lui, par exemple, ce n'est pas la même chose, je lui donne 5 francs par semaine, n'est ce pas, eh bien, croyez-vous qu'il m'en rapporte... Pas du tout... Il dépense tout au café. Oh ! les hommes !... (*Elle continue à causer à voix basse*).

DES PATATES (*se levant*).

Et voilà mon viel ami... La politique voyez-vous c'est bon pour ces beaux parleurs, ces faiseurs de phrases creuses qui font de la politique par métier et parce que cela leur rapporte. Vous savez, soit dit entre nous, dans le fond je leur donne raison, car sur ce terrain-là il y a toujours des poires à exploiter.

GROSBEDON (*qui s'est levé*).

Ça c'est une vérité (*Passant 3, aux dames*). Eh bien Mesdames avez vous fini votre causette ? (*Les dames se lèvent*).

(1) Mme DES PATATES

Mais oui M. Grosbedon, pendant que vous causiez politique nous avons causé toilette.

(4) DES PATATES

Et vous savez Grosbedon la toilette c'est l'éternelle préoccupation des dames.

Mᵐᵉ DES PATATES

Cela vaut toujours mieux que de dire des bêtises comme celles que vous dites en ce moment monsieur mon mari.

DES PATATES

Allons ne te fâche pas Arthémise c'est pour rire.

CHORYSANTE (*qui a passé 3 au fond*).

Messieurs et dames si vous voulez passer dans la salle à manger nous allons prendre le café.

GROSBEDON (2)

Votre bras Mᵐᵉ des Patates.

Mᵐᵉ DES PATATES

Avec plaisir M. Grosbedon. (*Elle remonte prendre son bras*).

DES PATATES (*offrant son bras à Chorysante*).

Madame, appuyez vous sur mon aile.

CHORYSANTE (*prenant son bras*).

M. des Patates vous êtes un galant homme. (*Ils sortent tous les quatre à gauche*).

SCÈNE VII

PHILIBERT, puis BLAGUINETTE

PHILIBERT (*entrant au fond*)

Je demande pardon, excuse à toute la compagnie (*Voyant qu'il n'y a personne*). Tiens, la compagnie elle est de sortie, il n'y a personne dedans la carrée. Ma foi tant pisse, la porte étant ouverte, je suis l'entré (*Il pose son sabre à gauche*). Je vais attendre un petit estant, car c'est ici qu'elle habite. Ah ! ma cousine, vous venez vous installer comme servante à Paris, tout cela sans prévenir votre cousin Philibert... Eh ben ! vous en avez un œil, comme on dit au quartier. Ah ! sans blague alorss, ce qu'elle va en faire une poire quand elle va me voir installé de céans dedans la cantoune (*Bruits de pas*). La voilà peut être, je m'en vas lui en boucher un kilomètre (*Il s'installe commodément nᵒ 1*).

BLAGUINETTE (*entrant et passant (2) sans le voir*).

Là, voilà la saleté pareille pour Monsieur (*Elle dépose les paquets sur la table*).

(1) PHILIBERT (*toussant très fort*)

Hum, hum !

(2) BLAGUINETTE (*poussant un cri et se retournant*).

Oh ! mon Dieu !...

PHILIBERT (*assis*).

Eh bien quoi, ma petite crocrotte pralinée, tu ne reconnais pas de visu ton cousin Philibert ?

BLAGUINETTE (*allant l'embrasser*).

Ah ! Philibert !...

PHILIBERT (*se laissant faire*).

A la bonne heure... encore, dis... (*Nouveaux baisers*).

BLAGUINETTE

Comment se fait-il ?...

PHILIBERT (*la prenant sur ses genoux*).

Que je suis t'ici. Voilà : figure-toi, ma Colette bien-aimée, que tout à l'heure je passais dans cette rue, quand tout à coup une créature du beau sesque passe en courant vis-à-vis en face de mon individu. En voyant son dos, je me dis : Çà, Philibert, c'est Colette, ta promise ; alorss, au lieu de te suivre, je me suis l'informé, j'ai appris que tu étais bonne dans cette cambuse, la porte étant ouverte, je suis t'entré et... c'est tout.

BLAGUINETTE (*se levant*).

Personne ne t'a vu ?

PHILIBERT (*se levant*).

Çà, je ne sais pas... mais moi j'ai vu personne.

BLAGUINETTE

Tant mieux.

PHILIBERT

Dis donc, il y a longtemps que t'es t'ici à Paris ?

BLAGUINETTE

Depuis hier soir... je suis en place depuis ce matin.

PHILIBERT

Et tu ne m'as pas prévenu que t'allais venir, c'est pas chic ça, tu sais.

BLAGUINETTE

Je n'ai pas eu le temps, je me suis décidé tout d'un coup.

PHILIBERT

T'es bien ici ?

BLAGUINETTE

Pas mal... Les bourgeois sont mes parents.

PHILIBERT

Ah bah !...

BLAGUINETTE

Oui, je suis leur nièce ; la patronne, c'est la sœur de ma mère.

PHILIBERT

Ah ben alorss, si c'est d'la famille, présente-moi.

BLAGUINETTE

Minute... pas maintenant. Ils ne savent pas qui je suis.

PHILIBERT

Pourquoi qu'tu leur dis pas ?

BLAGUINETTE

Parce qu'ils ne veulent pas de parents comme domestiques. Ce matin j'étais au bureau de placement. Ma tante y est venue pour trouver une servante. Je me suis présentée à elle sous le nom de Blaguinette ; comme elle ne m'a pas vu depuis quinze ans, elle ne m'a pas reconnue et elle m'a engagée. Je sais qu'elle n'aime pas les bonnes trop dégourdies, aussi pour lui plaire, je fais la gourde.

PHILIBERT

Eh ben ! çà t'va bien.

BLAGUINETTE

Je te remercie... t'es galant, toi (*Le prenant aux épaules et le regardant*). Dis donc, Philibert, c'est-y que tu ne m'aimes plus, dis ?...

PHILIBERT (*l'embrassant*).

Oh ! Colette... t'es loufoc, voyons... si je t'aime, mais je t'ai dans le sang, surtout quand je te vois (*Il lui prend les mains*).

BLAGUINETTE

Ah ! quand tu m'vois... Et quand tu m'vois pas ?

PHILIBERT (*s'asseyant*).

Quand j'te vois pas, moins c'est sûr (*l'attirant sur ses genoux*). Vois-tu, ma Colette, l'amour, c'est comme le bouillon, d'abord bouillant, puis tiède, et enfin froid. Mais quand je te revois, je rebous (*il l'embrasse*). Le bouillon il est bouillant, quoi.

BLAGUINETTE

Et qu'est ce que tu fais à Paris ?

PHILIBERT

Je fais l'imbécile.

BLAGUINETTE

Ou ça ?

PHILIBERT

Au régiment... Pour me distraire, le jour ousque j'touche mon prêt, je me paye l'omnibus et j'fais de l'œil aux dames.

BLAGUINETTE (*se dégageant*).

Ah ! brigand !... (*le giflant*). Tiens !... et moi, alors ?

PHILIBERT (*se tenant la joue*).

Oh ! toi, je te fais du pied et du genou, tandis qu'aux autres je ne fais que de l'œil seulement.

CHORYSANTE (*du dehors*).

Marie.

BLAGUINETTE

Voilà ma tante... Vite, sauve-toi.

PHILIBERT (*se levant, très digne*).

Colette, tu apprendras qu'un soldat français ne sait pas ce que veut dire ces mots.

CHORYSANTE (*du dehors*).

Marie.

BLAGUINETTE

Mais tu ne peux pas rester là, imbécile. Tiens, mets-toi sous cette table.

PHILIBERT (*passant (2)*).

Je veux bien, mais avant laisse-moi t'embrasser, parce que tu sais, en ce moment, le bouillon il est bouillant.

BLAGUINETTE

Allons dépêche-toi.

PHILIBERT (*l'embrassant plusieurs fois*).

Là, maintenant que j'ai fait mon approvisionnure, je me défile (*Il se cache sous la table*).

SCÈNE VIII

(1) CHORYSANTE, BLAGUINETTE (2), puis PHILIBERT

(1) CHORYSANTE (*entrant de droite*).

Eh bien ! Marie, vous ne m'avez pas entendu appeler ?

BLAGUINETTE (*masquant la table
de sa robe* [2]).

Si, Madame, mais à la deuxième fois seulement.

CHORYSANTE

Allez me chercher un litre de rhum Saint-James, à la grande épicerie du coin, vous direz que c'est pour moi.

BLAGUINETTE

Bien, Madame (*Elle remonte*). Mon Dieu, pourvu qu'elle ne découvre pas Philibert (*Elle sort au fond*).

CHORYSANTE (*seule*).

Cette fille doit avoir un grain, c'est sûr (*Elle va vers la table*). Ah ! voilà la tisane (*Elle marche sur une main de Philibert*).

PHILIBERT (*poussant un cri*).

Aïe !...

(1) CHORYSANTE (*se reculant en criant*).

Ah ! qui est là ?...

(2) PHILIBERT (*sortant de dessous la table*).

Ne craignez rien, Madame, c'est moi, Philibert (*à part*). Zut ! la bonne femme de l'omnibus.

CHORYSANTE (*à part*).

Le militaire de tantôt... Oh ! ces soldats... quel toupet.

PHILIBERT

Madame... excusez ma présence intempestive, je...

CHORYSANTE (*aimable*).

Vous êtes tout excusé, beau militaire, mais c'est bien mal ce que vous faites là... Si mon mari vous voyait.

PHILIBERT (*à part*).

Elle croit que c'est pour elle que je viens. Elle n'a pas la trouille.

CHORYSANTE (*s'approchant*).

Écoutez, je vois que vous m'aimez sincèrement et j'en suis bien heureuse, allez, car moi aussi je t'aime, mon bel Apollon... je t'idolâtre (*Elle l'embrasse*).

PHILIBERT

Pardon... je m'appelle Philibert.

CHORYSANTE

Alors, mon beau Philibert, je t'adore.

PHILIBERT

Moi aussi... moi aussi... (*à part*.) En voilà une vieille sangsue.

CHORYSANTE

Si tu veux m'en croire, mon cher trésor, ne reste pas ici une minute de plus, car si Grosbedon survenait, il te tuerait.

PHILIBERT

Ah ! ton mari a un gros bedon.

CHORYSANTE (*souriant*).

Mais non, c'est son nom (*désignant la porte*). Allons, va et à bientôt.

PHILIBERT (*à part*).

Partir... eh ben et Colette alors.

CHORYSANTE

Viens m'embrasser, Philibert... le baiser, c'est la clef du cœur.

PHILIBÉRT (*à part*).

Encore... ferme les yeux Philibert et offre-toi en sacrifice. (*Il l'embrasse et crache de l'autre côté*).

CHORYSANTE

Viens demain, à trois heures, Grosbedon n'y sera pas et j'éloignerai la bonne.

PHILIBERT

C'est entendu, ma vieille.

CHORYSANTE (*vexée*).

Ma vieille !...

PHILIBERT

Mais non, j'ai voulu dire...

GROSBEDON (*du dehors*).

Eh bien, voyons poupoule, que fais-tu ?

CHORYSANTE

Mon mari !... nous sommes perdus (*à la porte*). Voilà, j'arrive.

PHILIBERT (*à part*).

Si la grosse bedaine s'amène, gare la bombe.

CHORYSANTE

Cache-toi là... sous la table (*On entend des pas*). Vite, le voilà.

PHILIBERT (*se mettant sous la table*).

C'est égal, si Colette rapplique, ce s'ra l'bouquet.

SCÈNE IX

**(1 GROSBEDON, 2 CHORYSANTE, puis
PHILIBERT sous la table.)**

(1) GROSBEDON *(rentrant).*

Eh bien! mignonne, que fais-tu là?

(2) CHORYSANTE *(devant la table).*

J'allais porter la tisane dans la cuisine, mon amour

GROSBEDON

Donne, je vais y aller moi-même, j'ai besoin d'allumettes.

CHORYSANTE *(lui donnant les paquets).*

Si tu veux, mon chéri.

GROSBEDON

Merci, ma loulotte *(Il sort à droite).*

(1) CHORYSANTE *(à Philibert).*

Quand il sera rentré dans la salle à manger, sauve-toi et à demain à trois heures, mon vainqueur *(Elle sort à gauche).*

(3) PHILIBERT *(sous la table).*

Au revoir, vieille antiquité.

SCÈNE X

**(1) GROSBEDON, BLAGUINETTE (2)
puis PHILIBERT**

GROSBEDON *(rentrant).*

J'espérais trouver Marie dans la cuisine, elle n'y est pas; je voudrais pourtant bien essayer de me faire aimer de cette belle fille, car je commence à avoir soupé du pot au feu conjugal et puisque j'ai sous la main un morceau de poulet bien tendre, j'aurais tort de ne pas en profiter.

PHILIBERT *(sous la table).*

Vieux dégoûtant, va!...

BLAGUINETTE *(entrant au fond).*

Philibert doit être parti.

GROSBEDON *(l'apercevant).*

D'où venez-vous, mon enfant?

(2) BLAGUINETTE *(posant le litre sur la cheminée).*

De l'épicerie, Monsieur.

(1) GROSBEDON

Ah! Eh bien! mon enfant, vous plairez vous chez nous.

(2) BLAGUINETTE

Je crois que bien, Monsieur.

GROSBEDON

Tant mieux, tant mieux, car vois-tu, nous ne sommes pas riches [...] un sale épicier, c'est vrai [...] et je suis d'un [...] et [...] vous êtes si jolie qu'il voudrait [...] pour ne pas vous abîmer.

BLAGUINETTE

Oh! Monsieur!

PHILIBERT *(sous la table).*

Tiens! tiens! Voilà Grosbedon qui embrasse la nièce.

GROSBEDON

Et si vous voulez bien m'aimer un peu, je n'aurai pour vous que des gentillesses. Vous êtes ma parterre de roses dont je veux être le jardinier.

PHILIBERT *(tirant la robe de Blaguinette).*

N'accepte pas, tu sais, j'suis là, moi.

BLAGUINETTE *(à part).*

Il n'est pas parti!...

GROSBEDON

Écoutez, mon enfant si vous voulez bien me recevoir ce soir dans votre chambre, je vous ferai cadeau d'une jolie bague en argent doré, mais surtout n'en dites rien à Madame.

BLAGUINETTE

C'est sérieux c'que vous m'dites là?

GROSBEDON

Très sérieux. Ce que je promets je le tiens toujours.

PHILIBERT

N'accepte pas, tu sais.

BLAGUINETTE *(bas, à Philibert).*

Tais-toi, animal, c'est pour rire.

GROSBEDON

Vous dites?

BLAGUINETTE

Je dis que pour la bague, j'accepte.

PHILIBERT *(à part).*

Ah! la rosse!

GROSBEDON

Alors, en attendant l'heureux moment où nous pourrons causer plus longtemps, laisse-moi l'embrasser.

PHILIBERT (*sortant de dessous la table*).

Ah! nom d'un croquenaud! pas devant moi toujours (*Prenant Blaguinette par un bras il l'a fait passer n° 3*).

(1) GROSBEDON

Qu'est ce que cela veut dire ?...

(2) PHILIBERT

Ça veut dire que t'embrass'ras la peau. vieux poireau.

GROSBEDON

Monsieur.

PHILIBERT

Ta gueule.

(3) BLAGUINETTE (*bas, à Philibert*).

Sois poli, toi, pense à ma place (*haut*). Je vais vous expliquer, Monsieur.

SCÈNE XI

LES MÊMES, CHORYSANTE

(2) CHORYSANTE (*entrant*).

Que se passe-t-il ? (*Apercevant Philibert*). Philibert et mon mari !

(1) GROSBEDON

Aïe... ma femme !...

(3) PHILIBERT

La vieille !...

(4) BLAGUINETTE

Ma tante !...

CHORYSANTE

Je suis perdue !...

GROSBEDON, PHILIBERT, BLAGUINETTE

Nous sommes foutus !... (*Silence. Tableau*).

CHORYSANTE (*à son mari*).

Qu'est ce que tu fais là ?...

GROSBEDON (*embarrassé*).

Rien. ma poupoule, rien. Ce militaire... était en train de nous expliquer... la manœuvre du canon.

BLAGUINETTE

En effet. Madame. Philibert causait du...

PHILIBERT

Du chargement par la culasse, oui. Madame.

GROSBEDON (*à part*).

C'est pas bête ça.

CHORYSANTE (*à Philibert*).

Vraiment. C'est bien aimable à vous, monsieur Philibert (*bas*). Pourquoi es-tu resté. imprudent ?

GROSBEDON (*à sa femme*).

Tiens. tu connais donc ce militaire ?

BLAGUINETTE (*à Philibert*).

Tu connais ma tante, toi ?

PHILIBERT (*à Grosbedon*).

Oui, j'ai souvent rencontré Madame dans la rue (*Chorysante cause bas à son mari*).

BLAGUINETTE

Voyons. Philibert, dis-moi la vérité, tu la connais ?

PHILIBERT

Naturellement, je lui ai fait de l'œil en omnibus.

BLAGUINETTE

Et ça n'a pas été plus loin.

PHILIBERT

T'es bête. c'était pour rire.

BLAGUINETTE

Jure-le.

PHILIBERT

Je le jure sur la tête des enfants que nous aurons, mais toi. dis donc, t'accepteras pas l'vieux dans ta chambre, hein ?

BLAGUINETTE

T'es bête. tu sais bien qu'non.

PHILIBERT

Jure-le.

BLAGUINETTE

Je le jure sur la tête de ma tante. tiens ! (*Elle cause bas à Philibert*).

GROSBEDON

Ainsi, tu ignorais que ce militaire était le prétendu de notre bonne.

CHORYSANTE

Absolument. Et moi qui la croyais sage. Ah! la futée, elle s'est moquée de nous, je vais me venger en la chassant d'ici. Qu'en penses-tu. Grosbedon ?

GROSBEDON

Tu as raison. mais va doucement, ne dis pas cela devant Philibert (*à part*) Ouf! je viens de l'échapper belle.

CHORYSANTE (*à part*).

Il ne sait rien, je suis sauvée (*haut*). Ainsi, monsieur Philibert, vous aimez notre bonne.

PHILIBERT

Mon Dieu, oui, Madame, nous nous aimons (*Il remonte prendre son sabre*).

CHORYSANTE (*à part*).

Oh! le monstre! (*Passant* 3). Marie, faites votre malle, je vous chasse.

(4) BLAGUINETTE (*bas*).

Madame oublie peut-être l'œil de l'omnibus et le rendez-vous de demain.

(3) CHORYSANTE (*à part*).

Elle sait tout (*haut*). C'est bien, ma fille, je vous garde (*Blaguinette remonte au fond*).

(1) GROSBEDON

Comment! tu la gardes? Eh bien! moi, je la chasse.

PHILIBERT (*qui est descendu* 2 *à Grosbedon*).

Monsieur oublie la bague en argent doré.

(1) GROSBEDON (*à part*).

Il me tient (*haut à sa femme*). Et puis au fait, tu as raison, Chorysante, gardons la.

PHILIBERT

Alors, Monsieur ainsi que Madame, j'ai l'honneur de vous demander la permission de venir voir de temps en temps ma cousine Colette.

CHORYSANTE

Colette! Qui ça, Colette?

BLAGUINETTE (*redescend* 3).

C'est moi, ma tante, je suis Colette, votre nièce, qui a réussi, malgré vous, à devenir votre bonne.

(1) GROSBEDON et (4) CHORYSANTE

Ah! bah!...

(2) PHILIBERT

C'est comme ça, et moi je suis son promis et son cousin en même temps. Nous sommes en famille, quoi.

(1) GROSBEDON

Alors dans mes bras, ma nièce (*Blaguinette passe* 2. *Embrassades*).

(4) CHORYSANTE

Cousin Philibert, viens sur mon cœur (*Philibert passe* 3. *Embrassades*).

SCÈNE XII

LES MÊMES, M. et Mme DES PATATES

Mme DES PATATES (*entrant*).

Ah! c'est dégoûtant.

DES PATATES (*entrant*).

C'est immoral (*descendant* 3). Eh bien, Grosbedon!...

Mme DES PATATES (*qui est descendu* 4).

(*A Chorysante*). Vous nous oubliez...

(5) PHILIBERT (*embrassant Mme des Patates*).

Non, non, tenez... voilà votre part.

(3) DES PATATES (*à Philibert*).

Monsieur, de quel droit embrassez vous ma femme?

(2) BLAGUINETTE (*embrassant Des Patates*).

Taisez vous, vilain jaloux... comme ça vous êtes quittes.

(6) CHORYSANTE

Madame des Patates, je vous présente le cousin Philibert.

(1) GROSBEDON

Et moi, mon vieux, je te présente Colette, notre nièce... Tu ne comprends pas... je t'expliquerai ça plus tard.

CHORYSANTE

Maintenant, allons prendre le café.

BLAGUINETTE

Blaguinette servira.

PHILIBERT

Et Philibert l'aidera.

CHANT

Air : *La fin du refrain de la « Jolie Saison »*

Si ce vaudevill', Mesdam's et Messieurs,
A su vous distrair', nous serons heureux
D'entendre le bruit flatteur et charmant
De vos applaudiss'ments.

RIDEAU

AVIS

Cette pièce peut se jouer à quatre personnes, en supprimant les rôles de M. et Mme des Patates.

Pour ce faire, observer la variante suivante :

SCÈNE III
GROSBEDON, CHORYSANTE.

GROSBEDON (se ... 1 et passant 2).

Nous serons bien mieux avec une bonne comme celle-là, et tu verras qu'il n'aurait pas [...] Voilà prendre [...] notre pièce.

1. CHORYSANTE

Je l'ai déjà dit [...] je n'en voulais pas si celle-ci ne fait pas notre affaire, nous en prendrons une autre voilà tout.

GROSBEDON.

Oui naturellement... deux heures radebonne [...]bre de ch'rad[...]... une par semaine... ce sera du joli...

CHORYSANTE

M. Grosbedon en voilà assez n'est-ce pas ? du reste vous me disiez juste tout à l'heure que vous ne me tiendriez plus tête... si c'est comme ça que vous tenez vos serments !...

SCÈNE IV
1. CHORYSANTE, 3. GROSBEDON.
2. BLAGUINETTE.

2. BLAGUINETTE (d'... entrant).

Madame.

CHORYSANTE

Qu'y a-t-il ?

BLAGUINETTE

C'est un monsieur qui veut parler à Madame.

GROSBEDON

Un monsieur ?

BLAGUINETTE

Oui c'est un... (mystérieuse). Comment qu'il a-t-il dit ce nom... euh...

GROSBEDON

Comment, son nom.

BLAGUINETTE

Je ne sais plus... attendez... cher mons, ça s'appelle un arracheur d'dents.

CHORYSANTE

Ah ! bien j'ai compris, c'est mon dentiste.

BLAGUINETTE

Oui, oui c'est ça madame, c'est un baptiste.

GROSBEDON (à part).

Quelle pochetée mon dieu.

CHORYSANTE

On dit dentiste et non baptiste, ma fille... comme j'ai de la carie dentaire, ce monsieur vient pour me nettoyer la bouche.

BLAGUINETTE

J'ignorais si madame a un panaris en terre dans la bouche, mais c'que j'avons bien, c'est que c'mossieur n'vient point pour ça

GROSBEDON (riant).

Pourquoi vient il alors ?.. il vous l'a dit ?..

BLAGUINETTE

Oui Mossieur, il vient pour visiter le râtelier de Madame.

CHORYSANTE (furieuse).

Oh ! l'animal, il vous a dit cela, eh bien, allez lui dire que mon râtelier est en bon état et que je n'ai plus besoin de ses services. En même temps faites votre course.

BLAGUINETTE

Bien Madame. (Elle sort ... au fond).

SCÈNE V
1. CHORYSANTE, 2. GROSBEDON.

CHORYSANTE

Crois-tu cet imbécile de dentiste qui va raconter à la bonne que j'ai un râtelier.

GROSBEDON

Mon Dieu qu'est-ce que tu veux, il a dit la vérité.

CHORYSANTE

La vérité n'est pas toujours bonne à dire. Il a violé le secret professionnel tant pis pour lui, je changerai de dentiste.

GROSBEDON

Fais ce qui te plaira, moi ça m'est égal, je préfère que tu changes de dentiste que de râtelier ; cela coûtera moins cher.

CHORYSANTE (*s'asseyant*).

Idiot... vous êtes bête à manger du foin.

GROSBEDON

Du foin... c'est toi qui en fais du foin, avec ton râtelier. Allons viens boire ton café, va, cela vaudra mieux que de se disputer pour des bêtises. (*allant à la porte de gauche*). Tu viens ?

CHORYSANTE

Non je ne viens pas.

GROSBEDON (*sortant*).

Eh bien alors, reste-là.

CHORYSANTE

Ah ! tu veux que je reste là, eh bien, tu te trompes, je viens au contraire. (*Elle sort à gauche*).

Continuer sur la brochure à la scène VII jusqu'à la scène XII qui est supprimée.

POUR FINIR

SCÈNE XI

(1) GROSBEDON

Alors dans mes bras ma nièce. (*Embrassades*).

(4) CHORYSANTE

Cousin Philibert viens sur mon cœur. (*Embrassades*).

(3) BLAGUINETTE

Maintenant Blaguinette va servir le café.

(2) PHILIBERT

T'as raison, on le boira en famille.

CHANT

Épinal. — Imprimerie KLEIN et Cⁱᵉ.

AUTEURS	TITRES DES ŒUVRES	Hommes	Femmes	PRIX NETS
Lefèvre	Dernier verre (Le)	2	1	4 »
Barbier	Deux amours de chandeliers	1	1	5 »
oydel-Herbel	Deux anges au clou	2	2	loc.
. Hubans	Deux coqs vivaient en paix	2	1	6 »
Garcia	Deux estafiers (Les)	2	»	2 »
alles-Garnier	Deux femmes de M. Crochose (Les)	3	2	s. m.
Champavert. F. Roblu	Deux Jarretières (Les)	3	2	s. m.
Chautagne	Deux Muses (Les)	2	»	4 »
Barbier	Deux parfaits notaires (Les)	2	»	4 »
risbinski	Déveine (La)	2	2	s. m.
oreau-Boucherat	Diable au moulin (Le)	5	5	loc.
de Marsan et A. Nérac	Digue-Digue de Mme Guilleret (Les)	3	3	s. m.
-Paul	Divorcerons-nous	3	2	s. m.
o Trézenick	Docteurs	3	2	s. m.
amet-Talber	Doigt coupé (Le)	troupe	»	loc.
Rose fils	Don Juan de Montmartre (Le)	3	3	s. m.
Bouvet-Lebreton	Drapeau du régiment (Le)	5	4	s. m.
oreau-Arnould	Drôle de Cocotte	1	2	s. m.
Mufat-L. Bouvet	Dudule	3	2	s. m.
ouvet-Sevry	Dupont et Dupont	4	3	s. m.
-Paul et Rose fils	Durandard est un bon garçon	3	2	s. m.
lin-Boulay-Layrice	Durillard	5	2	s. m.
Bouvet-Schmoll	Echange de bals	5	5	s. m.
e Lannoy et Lions	Echarpe (L')	4	2	s. m.
Domerc	Ecole buissonnière (L')	3	»	3 »
oulay-Layrice	Ecole des cocus (L')	4	3	s. m.
Codey	Ecole du Journalisme (L')	4	2	s. m.
. Lhuillier	Elle débute ce soir	1	1	6 »
laruelle	El senor Piffardino	1	1	4 »
de Marsan	Empire du milieu (L')	3	2	s. m.
unyset Morels	Encore un déraillement	3	2	s. m.
-Paul	Encore une revue	4	4	s. m.
Bouvet.P.Simonot	Enfant du Mystère (L')	2	3	s. m.
llais-Hubans	Enlèvement des Sabines (L')	troupe	»	loc.
llebichot	Entre deux jardins	1	1	4 »
o Trézenik	Envers d'un notaire (L')	2	2	s. m.
arnier-Vallés	Erreur de Bridouille (L')	3	2	s. m.
inés	Escargot (L')	2	3	6 »
Pajol	Esprits d'Argenteuil (Les)	5	2	s. m.
-Paul-Douglas	Est-il (L')	2	3	s. m.
Pottier-R. Dubreuil	Estime du Concierge (L')	2	1	s. m.
Dihau	Eternel roman (L')	1	1	4 »
rel-Roydel-Tranel	Etrennes utiles	3	2	s. m.
Jancey	Exercice de nuit	3	2	s. m.
arnier-Vallés	Exploits de Malichard (Les)	6	4	s. m.
Marsan	Facture (La)	1	2	s. m.
Paul-G. Rose fils	Fais ça pour moi	3	2	s. m.
Rose-F. Bouveret	Famille du Brasseur	3	3	s. m.
oreau Gramet	Famille Nitouche (La)	3	4	loc.
Bouvet. J. Séry-Rosés	Family-Plage	6	4	loc.
Jourda-Verse	Fatale épreuve	1	2	s. m.
Rose père	Faux-cols d'Oscar (Les)	1	2	s. m.
Lannoy-Lyons	Félicité	3	2	s. m.
Chaudoir	Fête à Claudine (La)	1	1	4 »
Duhem	Fête à M. le Maire (La)	5	2	4 »
velot	Fiancés Berrichons (Les)	1	1	3 »
ulié	Fiancés à Bonnet de coton (Les)	1	1	5 »
ouville	Fièvre phylloxrique (La)	3	2	4 »
rtric	Fille du Charpentier (La)	3	1	5 »
rel, Roydel-G. Hervé	Filles de Cornenville (Les)	4	7	loc.
breton	Filles du Charcutier (Les)	3	3	s. m.
reton-Moreau	Fils de Gouape	4	4	s. m.
bichot	Fleuriste et Typographe	1	1	5 »
els-Quinel	Fosse aux ours (La)	4	4	s. m.
au-Sondant	Francs-Tireurs de la Mort (Les)	troupe	»	s. m.
ton-Moreau	Frères de lait (Les)	1	2	4 »
	Furet (Le)	»	1	4 »
.. Touzé	Gai gai mariez-vous!	4	3	s. m.
oreau-Darsay	Gaités du Bastion (Les)	4	3	s. m.
arsèle (J.) Douglas	Galant Douanier	3	2	s. m.
Bouvet & Arribat	Garçonnière de Dutocard (La)	3	3	s. m.
raine	Garde champêtre de Corneville (Le)	1	»	1 »
Dottin	Gendre de M. Duplantoir (Le)	3	2	s. m.
oreau, E. Pacra	Girafe (La)	3	2	s. m.
breton-St-Paul	Gontran se marie	3	2	s. m.
Lebreton-Soudant	Gosse (La)	3	2	s. m.
se fils et Ryvez	Greffeur (Le)	4	3	s. m.
rvo-Merki	Grève des Boulangers (La)	5	»	1 »
oreau-Marcus	Grève des Facteurs (La)	2	2	s. m.
llebichot	Hirondelles de la rue (Les)	»	2	3 »
aurice de Marsan	Homme du Louvre (L')	3	3	s. m.
Bouvet, G. Arribat	Homme du Parc Monceau (L')	3	2	s. m.
se fils	Homme explosible (L')	2	2	s. m.
Paul-Rose fils	Hôtel des Fantômes (L')	3	1	s. m.
Barbé, Téramond	Huissier des bons jours	3	2	s. m.
ssière-De Noter	Ile de Nénuphar (L')	5	2	loc.
Bouvet-Simonot	Il faut que jeunesse se passe	2 ou 1	2 ou 3	loc.
Lannoy et Lions	Indispensable (L')	2	2	s. m.
Jourda-Douglas	Instantanés	3	2	s. m.
niot	Jacotte	1	1	5 »
Warmoës	Jacquet (Le)	3	2	s. m.
ger-Aubrun	J'ai perdu Virginie	3	1	loc.
Bouvet-E. Muffat	J'attends l'Huissier	2	1	s. m.
chiels	Jefque et Trinne	1	1	8 »
Paul	J'en ai plein le dos	2	1	s. m.
A. Perronnet	Je reviens de Compiègne	»	1	4 »
Bernicat	Jeunesse de Béranger (La)	3	1	6 »
B. Lebreton	Jeunesse de Hoche (La)	6	6	s. m.
De Marsan	Jour de gloire est arrivé (Le)	3	2	s. m.
L. Collin	Journée aux soufflets (La)	1	1	4 »
J. Férol	J'teux de sorts (Le)	7	4	s. m.
St-Paul-P. Avril	Labistrouille	3	2	s. m.
Soudant	Lâchée	5	1	s. m.
Desormes	Leçon de musique (La)	1	1	4 »
St-Paul	Leroy l'amuse	3	3	s. m.
Dourel-Herbel	Le trimard est un gaffeur	2	2	loc.
Verneuil	Loupiot (Le)	2	»	s. m.
Dourel-Herbel	Lucien est maboule	3	1	s. m.
L. Dottin et R. Darville	Ma belle-mère a la Pécotte	4	3	s. m.
Moreau-Gramet	Ma Colonelle	2	2	loc.
Wachs	Madame le Docteur	2	1	4 »
Lebreton St-Paul	Mademoiselle le Docteur	3	2	s. m.
V. Roger	Mademoiselle Louloute	2	2	5 »
L. Dourel et L. Fevrier	Magnétisé sans le savoir	2	2	loc.
F. Lemon-L. Schmoll	Maires	7	5	loc.
J. Robleu, - L. Yody et E. Gauget	Maison du Crime (La)	4	2	s. m.
Talexy	Maitre Grelot	4	1	6 »
Bouvet	Major Purjotin (Le)	4	3	s. m.
Lebreton	Mam'zelle Baïonnette	3	3	s. m.
Tar-Nemo-Celval	Mam'zelle Culot	troupe	»	6 »
De Champcenis Jacquin	Mam'zelle Phryné	3	1	s. m.
L. Bouvet & Dottin	Mannequin (Le)	3	2	s. m.
Jean-Pierre, Morelo	Manœuvre électorale	3	»	s. m.
B. Lebreton, E. Pacra	Maquignon (Le)	5	4	s. m.
De Marsan	Marchand de cochons et le dépendeur d'andouilles (Le)	3	3	s. m.
Jonhaud	Mariages riches	1	1	3 »
Tollet-Frot	Marié sans l'être	4	»	3 »
Moreau-Duroc	Maris jaloux (Les)	5	2	s. m.
Simiot	Mariés de Nanterre (Les)	1	2	4 »
Béissier-Sciama	Mars et Vénus	3	2	loc.
Millou	Matinée du Prince (La)	3	3	s. m.
A. Verse	Matuvus fait des béguins	5-5	4ou4	s. m.
M. de Lagarde	Mèche (La)	3	2	s. m.
Moreau Boucherat	Medjidié (La)	3	1	loc.
C. André	Melon (Le), mon logis saprée	1	»	2 »
De Marsan	Ménage Blésimard (Le)	3	2	s. m.
B. Lebreton, H. Moreau	Ménage d'artistes	6	5	s. m.
Moreau-Darsay	Ménage Poire (Le)	2	2	s. m.
Desormes	Menu de Georgette (Le)	3	2	8 »
Soudant-Moreau	Mimi Vadrouille	troupe	»	loc.
Mayrargue	Modern Styl	2	2	s. m.
L. Rivaux	Mon Oncle et ma Tante	4	3	s. m.
De Marsan	Monsieur Babolin	3	2	s. m.
De Marsan	Monsieur de Chez Maxim's (le)	3	3	s. m.
Paul Vallès	Monsieur Dutrognon	4	1	s. m.
E. Bessière	Monsieur l'Inspecteur	2	4	s. m.
Garnier-Vallès	Monsieur ma belle-mère	2	3	s. m.
L. Rivaux	Monsieur Pâtemolle	2	2	s. m.
Marsèle	Monsieur sourd (Le)	3	2	s. m.
Moreau-Touzé	Mouche du Coche (La)	4	2	s. m.
Jourda	Moyen de l'être (Le)	1	1	s. m.
Desormes	Nègre de la porte St-Denis	3	3	loc.
Dottin & H. Touzé	Nègre pour rire	3	2	s. m.
C. Lhuillier	Nez enchanté (Le)	1	1	3 »
Herpin	Nsce à Grospoulot (La)	5	7	loc.
F. Barbier	Noce à Suzon (La)	1	1	5 »
E. Beissière, Noter	Noces de Lambiston (Les)	5	2	loc.
L. Collin	Noces d'Or (Les)	2	1	5 »
Moreau-Rivaux	Nommé Baluche (Le)	1	2	loc.
St-Paul & Rose fils	Nos docteurs	3	2	s. m.
Moreau-Gramet	Nos petites chattes	3	4	loc.
V. Roger	Nourrice de Montfermeil (La)	2	3	6 »
G. Rose fils	Nous allons chez les Durand	1	1	s. m.
Touzé-Prud'homme	Nuit de noces de Beaullanchet	6	4	loc.
F. Bossuyt	Nuit de Noël	2	2	s. m.
Charles Seider	Octave le chaste	3 ou 2	3 ou 2	s. m.
Rose père	Omelette au lard (L')	4	2	s. m.
Dédé fils	Oncle et Neveu	3	»	3 »
Louis Bouvet	Oncle Maboulin (L')	4	4	loc.
St-Paul	On parle Anglais	5	6	loc.
Henry Gambart	O. N. P. D. B	2	2	s. m.
Bessières Ruffier	Ordonnance Bézuchet (L')	2	2	s. m.
Saint-Paul-R. Rose fils	Ordonnance malgré lui	3	2	s. m.
St-Paul	Oscar est détraqué	4	3	s.
Pacra-Emmecé	Où est le père	3	3	s. m.
Dufils	Paille et la Poutre (La)	»	2	6 »
Robert-Laurent-Julin	Par amour	3	2	s. m.
L. Rivaux	Parachute (Le)	3	2	s. m.
Fehvre Gréhon	Paris sans tailleurs	7	4	s. m.
F. Barbier	Par la fenêtre	1	1	4 »
De Marsan	Partie carrée	4	3	s. m.
B. Lebreton	Parties fines	4	4	s. m.
Ed. Lhuillier	Pasquinettes	1	1	3 »
Ch. Esquier	Passes magnétiques	3	2	s. m.
H. Moreau-Brasseur	Peau-rouge de la Bastille (Le)	1	4	s. m.
Rose fils	Peintre de talent	2	3	s. m.
Moreau-Darsay	Pension Carabin (La)	5	3	loc.

AUTEURS	TITRE DES ŒUVRES	Hommes	Femmes	PRIX NETS
L. Bouvet	Pensionnat St-Amour (Le)	4	4	s. m.
Offenbach-Roques	Péri-Colle (Parodie de Périchole) (La)	2	1	2 50
Lebreton, St-Paul	Péril Jaune (Le)	2	2	s. m.
E. Warmoes	Permission de Binjot (La)	3	2	s. m.
H. Moreau Soudant	Permission de la nuit	6	4	s. m.
Trébla-St-Cyr	Personne	2	1	s. m.
Landay	Pet !! Pet !!	3	3	s. m.
B. Lebreton	Petit factionnaire (Le)	4	3	s. m.
L. Collin	Petit Spahi (Le)	3	3	5 »
Gribinski	Petite Etoile	3	2	s. m.
L. Bouvet-St-Paul	Petite Fifi (La)	3	3	s. m.
Léon Jancey	Petite Guerre (La)	3	2	s. m.
L. Bouvet, F. Muffat	petites Actrices (Les)	4	4	s. m.
Lebreton-Moreau	petits Zouzous (Les)	troupe	»	loc.
André	Picotin (Le)	1	»	2 »
L. Martin, E. Duhem	Pilules du Docteur (Les)	2	3	s. m.
Lebreton-Bessier	Piston de Clémentine (Le)	3	2	s. m.
Schmoll	Pitou	3	2	loc.
Herbel Bourel Roydel	Plaquée	3	3	s. m.
H. Barbé	Plus que 1.089 jours	3	»	s. m.
F. Barbier	Points jaunes (Les)	1	1	5 »
Defessez Piccolini	Pommes d'amour (Les)	6	4	loc.
Duhem-L. Martin	Potache en goguette (Le)	4	2	loc.
F. Barbier	Poupée automate (La)	1	1	5 »
St-Paul-G. Rose fils	Pour avoir la fille	4	3	s. m.
A. Lambert et B. Lebreton	Pour être papa	2	2	loc.
C. Roland	Pour le guérir	1	2	s. m.
A. Verse Paul Saint-Philippe	Pour pincer Eliane	3	2	s. m.
Fay	Pour qui le Gosse ?	2	3	s. m.
Lebreton-St-Paul	Pour qui volait-on ?	4	2	s. m.
Ihels Roudier Dordières	P. P. C. ou les petits trous pas chers	3	3	s. m.
A. Lambert	Première brouille (La) Comédie	»	1	s. m.
St-Paul-P. Avril	Première scène	2	3	s. m.
F. Barbier	Premières armes de Parny (Les)	1	3	5 »
L. Bouvet-G. Arribat	Prends mon oncle	4	2	s. m.
I. Rose fils-H. Ryvez	Prestige de l'uniforme (Le)	4	2	s. m.
L. Potier R. Dubreuil	Prise de la Bastille (La)	4	1	s. m.
Noreau	Professeur de Chant (Le)	1	1	3 »
De Marsan	Pucelle de Mézidon (La)	3	3	s. m.
Henry Gambart	Pupille du charcutier (La)	3	3	s. m.
Lebreton	Quatre hommes et un caporal	5	3	s. m.
G. Sose fils-Ryvez	Que madame ne sache rien	2	2	s. m.
Délilia-Heros	Qui va à la chasse	2	2	s. m.
L. Collin	Qui se dispute s'adore	1	1	3 »
St-Paul G. Rose fils	Qui veut la fin	2	2	s. m.
L. Bouvet F. Muffat	Rabiot (Le)	3	2	s. m.
Léon Jancey	Ra ! Fla !!	2	1	s. m.
Villebichot	Réponse du Berger (La)	1	1	4 »
Jacoutot	Retour de Kerdrec (Le)	2	1	4 »
Mougé	Retour de Magotte (Le)	1	1	4 »
L. Collin	Retour de Musette (Le)	1	1	4 »
De Marsan	Revenant de la rue de la Pompe (Le)	5	5	s. m.
Lebreton	Revue à l'envers (La)	4	4	loc.
St-Paul	Revue interdite	4	4	loc.
Lhuillier	Risette	»	1	s. m.
Yvel et Briolet	Roi Koku (Le)	troupe	»	loc.
Desormes	Rolland furieux	3	1	2 »
L. Désormes	Romance impossible (La)	2	»	4 »
Michiels	Rosière d'Interlaken (La)	1	4	4 »
Jancey	Sabre et plumeau	1	1	s. m.
G. Rose fils-L. Bouvecet	Sacré Cake-Walk	3	2	s. m.
L. Rivaux	Sacré jour de l'an	6	3	loc.
L. Bouvet-G. Arribat	Sacré Jules	2	2	s. m.
Briollet-Tinant	Sacré Vermillon	3	3	s. m.
B. Lebreton-J. Lebreton	Sacrée Nounou	3	3	s. m.
H. Moreau-Arnoud	Saint-Antoine malgré lui	5	5	s. m.
P. Lefaure	Saint-Prosper	2	2	s. m.
L. Bouvet-G. Arribat	Salade d'Ordonnances	3	2	s. m.
B. Lebreton-J. Lebreton	Salade de Gendarmes	3	2	s. m.
Champavert-Robin	Sandrina	3	2	s. m.
L. Dottin	Sauvage malgré lui	3	2	s. m.
R. Planquette	Serment de Mme Grégoire (Le)	1	1	5 »
Lebreton-Soudant	Serment du marin (Le)	4	1	5 »
Ouvrier	Simone et Boquillon	1	1	5 »
Lebreton-St-Paul	Singeries de l'Amour (Les)	4	2	loc.
B. Lebreton-B. Darsay	Sœur du Cabotin (La)	4	2	s. m.
B. Bullières-Malfait	Soirée bourgeoise	2	2	loc.
Leserre	Soirée d'amateurs (pochade)	5	»	s. m.
Lebreton-Moreau	Soldat	5	5	s. m.
H. Gilbert	Son amant	2	1	s. m.
H. Gambart et M. Motet	Soucis de la paternité (Les)	2	1	s. m.
Meyan	Soupirs du Cœur	1	2	s. m.
Briolet-Tinant	Source merveilleuse (La)	4	2	s. m.
Damare-P. Laurey	Sous-Préfet du Pézenas (Le)	3	2	s. m.
Ch. Malo	Souviens-toi de Clémentine	2	1	5 »
Moreau-Darsay	Spiritisme des familles	4	3	s. m.
D. Jourda, A. Kesler	Stratagème	4	3	s. m.
Fac. Coen	Suzette, Suzanne et Suzon	1	4	loc.
Mauzin	[illegible]	3	3	s. m.
A. Mesnil	T'amuses-tu Pingot	6	3	s. m.
Levavasseur	Tante d'Amérique (La)	3	3	s. m.
C. Roland	Ta pomme Paris	3	10	loc.
Wachs	Tata chez Toto	3	1	4 »
G. Hervé, D. Fabrice	Témoin	4	3	s. m.
L'Esprbur Prieuff	Témoin (Le)	3	1	loc.

AUTEURS	TITRE DES ŒUVRES	Hommes	Femmes	PRIX NETS
St-Paul & Rose fils	Terrible affaire	3	2	s. m.
Briollet-Gerny	Testament Cracfort (Le)	8	6	s. m.
Marc Sonal	Théophile	2	1	s. m.
B.Lebreton-E. Blairat	Tisane des Boërs (La)	4	2	s. m.
Chaissaigne	Toc	2	2	3 »
Hervé	Toinette et son carabinier	2	1	5 »
B. Lebreton	Tombeur de l'Escouade (Le)	3	2	s. m.
Blanchard de la Bretesche	Torero et Lolotte (Le)	5	5	s. m.
M. Guillemaud	Toto la Rincette	5	5	s. m.
Wachs	Totor et Titine	1	1	s. m.
Cartier	Train des Maris (Le)	2	2	4 »
Moreau-Duroc	Tranquil'hôtel	5	4	s. m.
Moreau-Darsay	Trente mille francs par an	2	2	s. m.
B.Lebreton-St-Paul	Tringlots (Les)	4	3	s. m.
H. Gilbert	Triple alliance (La)	5	2	s. m.
L. Lebreton-Tranchant	Trois Divorces (Les)	5	3	s. m.
Lebreton-Téramond	Trois Gosses (Les)	4	4	s. m.
Bouvet	Trois hercules pour une femme	3	2	s. m.
Bessière	Troisième du trois (La)	6	6	s. m.
F. Bossuyt-Bouveret	Trio d'Apaches	3	2	s. m.
A. Dumo, E. Pacra	Trio de Vertus	4	2	s. m.
L. Bouvet, H.Arribat	Troublante énigme	3	3	s. m.
Henry Gambart	Trougnol est un modeste	3	3	s. m.
Rose fils et Rivez	Trouvez un père	4	5	s. m.
Guillemaud-de Marsan	Truc de Binochet (Le)	3	2	s. m.
Lambert-Lebreton	Truc du Pharmacien (Le)	4	1	s. m.
Daniel Jourda	Tu le seras	2	2	s. m.
Javelot	Un amour d'épicier	2	1	4 »
Bessière	Un attentat au bois	2	2	s. m.
F. Lefaure	Un beau-père criminel	3	2	s. m.
Cardet-Lannoy	Un bon ami	2	1	s. m.
D. Fay	Un bon tuyau	0	4	s. m.
H. Barbé-G. Touzé	Un cas d'amnésie	3	2	s. m.
P. Henrion	Un charcutier dans les fers	1	1	4 »
De Marsan	Un client pas sérieux	4	3	s. m.
Chassaigne	Un coq en jupons	1	1	5 »
Banès	Un do malade	2	1	5 »
Wachs	Un domestique pour rire	1	1	4 »
Moreau-Gramet	Un dragon pour deux	3	2	s. m.
L. Roy	Un épicier peu commode	4	2	s. m.
G. Laurens	Un futur sur le gril	2	1	s. m.
Ch. Malo	Un gendre à poigne	2	2	5 »
H. Levavasseur	Un grand criminel	4	2	s. m.
Péricaud	Un hercule qui ne veut pas se rouiller	2	1	s. m.
St-Paul	Un jour d'audace	4	2	s. m.
Gambillard	Un mariage à la force du poignet	1	1	3 »
Ch. Malo	Un mariage au flageolet	1	1	4 »
F. Bernicat	Un mari à l'essai	1	1	4 »
Péricaud	Un mari en grande vitesse	3	1	4 »
Moreau-R. Parault	Un mari somnambule	2	2	s. m.
L. Collin	Un mauvais conscrit	2	»	4 »
B.Vallès-E. Garnier	Un Monsieur qui frotte	4	3	s. m.
B. Lebreton-St-Paul	Un Oncle pour deux	3	2	s. m.
Chassaigne	Un 1er jour de ménage	1	1	4 »
Mayrarque	Un sauvetage	2	3	s. m.
F. Barbier	Un souper chez Mlle Contat	»	2	6 »
Bernicat	Une aventure de la Clairon	2	2	6 »
Gambart & Charpentier	Une belle-mère à condition	3	3	s. m.
Garnier-Vallès	Une corbeille de Noce	5	3	s. m.
E. André	Une drôle de Marquise	2	1	3 »
Jouhaud	Une femme de quart de monde	2	1	4 »
M. Sonal-V. Gréhon	Une femme pour six sous	3	3	s. m.
L. Roques	Une femme tombée du Ciel	1	1	5 »
Villebichot	Une fille à trucs	3	1	4 »
Liouville	Une fille en loterie	2	1	4 »
Touzé Monjardin	Une intrigue chez les Mouchard...el	2	2	s. m.
Desormes	Une lune de miel Normande	1	1	s. m.
L. Collin	Une mariée sans mari	1	1	s. m.
Ed. Lhullier	Une marine à la vapeur	1	1	s. m.
Desormes	Une mauvaise connaissance	3	2	s. m.
Moreau-Darsay	Une mauvaise nuit	2	1	s. m.
St-Paul, M. Lupin	Une nuit d'ivresse	2	1	s. m.
Duhem	Une partie à Robinson	2	2	s. m.
L. Martin	Une partie de pêche	5	4	s. m.
L. Lebreton-St-Paul	Une petite femme en or	3	3	s. m.
Wachs	Une pleine eau à Chatou	2	1	s. m.
Bernicat	Une poule mouillée	1	1	s. m.
Lebreton-St-Paul	Une Rosserie	2	2	s. m.
Chassaigne	Une table de café	2	1	s. m.
Robillard	Une tempête conjugale	1	1	s. m.
R. Planquette	Valet de cœur (Le)	1	2	s. m.
St-Paul	Vase de Soissons (Le)	3	1	s. m.
Robillard	Vangeance de Ramolli (La)	2	1	s. m.
L. Roydel et Jost	Vermouth et Tilleul	2	1	s. m.
L. Jancey	Viens mon Toutou	1	1	s. m.
Bouvet-Arribat	Vieux, le Melon et le Rat (Le)	4	3	s. m.
Lebreton-St-Paul	Vingt-cinq minutes d'arrêt	2	2	s. m.
Vallès-Talber	Voyageurs pour la Gare du... (Les)	7	3	s. m.
Normand-Vallès	Vive les Bleus	7	4	s. m.
De Marsan	V'nez donc nous voir	4	3	s. m.
Lebreton-Moreau	Vocation d'Isoline (La)	1	5	5 »
Jacobi	Voilà l'plaisir mesdames	1	1	4 »
Talber-Delattre	Volupté des dames (La)	4	3	s. m.
Bouveret & Bossuyt	Voyage pendant la noce (Le)	3	6	s. m.
L. Valbe, A. Verse	Y a du colon	7	0	s. m.